Eva Strittmatter
Hans-Jürgen Gaudeck

Märkischer Juni

Eva Strittmatter

Märkischer Juni

Mit Aquarellen von
Hans-Jürgen Gaudeck

Steffen Verlag

MARK

Mich rühren die sandigen Wege
Im alten sandigen Land.
Die Heckenrosengehege.
Die Holderbüsche am Rand
Der alten Felderraine.
Die Gräser reden mir da
Von Zeiten, die warn noch nicht meine,
Als ich das Früheste sah:
Die Gräser. Und hörte die Lerche.
Und roch dieser Sande Geruch.
Seither schlepp ich diese Erde
Mit mir als Segen und Fluch.
Ich muß diesen Sand verwandeln.
Bis er schmilzt und Wort wird in mir.
Diese Erde läßt nicht mit sich handeln.
Ich komm nicht umsonst aus ihr.

Mein Dorf

Mein melancholisches Zimmer.
Mein sentimentales Dorf.
Die sandigen Wege. Die Wiesen.
Die Tannen. Die Tümpel. Der Torf.
In grünen Schlünden schläft es.
Unterm Wiesenmulm atmet Morast.
Da findest du nie wieder,
Was du verloren hast …
Hierher bin ich gekommen.
Von hier geh ich hinaus.
Am Wegrand wacht die Distel.
In der Wiese wartet das Haus.

Landschaft 1

Die kaum noch sichtbare Wipfelbewegung,
Die der Wind in den kleinen Birken macht,
Die schon fast nackt sind.
Der fliederfarbene Dämmer vor Nacht.
Der feuchte Geruch der gesättigten Erde.
Der trockene Geruch der grasenden Pferde.
Der Mond, der heut einer Quitte gleicht
In Form und Farbe. Das alles
Erreicht mich und erreicht mich nicht.
Es streicht
Vorüber meinem Gesicht
Und den übrigen Sinnen,
Die erst beim Abflug der Eule Erregung
Erfahrn und zu senden beginnen.
Der Wutschrei des Hirsches verlängert den Flügel
Der Eule. Und über die Hügel
Fallen die Keile der Graugänse ein.
In die Landschaft aus Wasser, Wacholder und Stein.

TUSCHZEICHNUNG

Asiatisch ist der Abend.
Wie gedacht und hingetuscht.
So: stahlblaue Wolkenwälle.
Und der Bach, der überbuscht
Ist von Erlen, spiegelt Feuer,
Das den blauen Berg beleuchtet.
Und die Wiese ist vom Nebel
Wie mit weißem Seim befeuchtet.
Silhouettenbaum, verzweigt,
Drin die Amsel Töne trennt.
Und der Abendstern entsteigt
Bleich dem Feuer, das ihn brennt.

WANDERND

Ich werde immer wieder fliehen.
Nicht nur der Sommer reißt mich fort.
Auch die Novembernebel ziehen
Mich mit sich. Es gibt keinen Ort,
Der mir gehört, an dem ich hause,
Wie einer, der lang bleiben will.
Ich mische mich ins Windgebrause,
Lös mich im Regen. Und bin *still*.
Wandernd fühl ich mich angekommen.
Und fern von Haus bin ich zu Haus.
Das Leben hat mich angenommen.
Zerrt mich hinauf, zieht mich hinaus.

Im Dickicht

Unsre schönen Wälder, die bergenden Gründe
Des Auenwaldes am sumpfigen See.
Birken und Erlen bewachsen die Schlünde
Des moorigen Ufers. Ich geh
Nach Zeiten wieder die Wildpfade ab.
Hier ritten wir einst im wechselnden Trab
In der Dämmerung des Winterabends heimzu,
Wenn überm See schon der Nebelsud schwärte.
Ich als dein Zögling und dein Gefährte.
Der Lenker und Stifter von allem warst du
In den Jahren der Jugend. Du hast mich gelehrt
Nicht nur, wie man verwächst mit dem Pferd,
Sondern vor allem die Wege zu sehn
Und Spuren und Zeichen so zu verstehn,
Daß die Bewegung vorausfühlbar wird
Und das Zögern des Reiters das Pferd nicht beirrt.
So in anderm und allem. Und immer wieder
Sagtest du mir, ich sollte die Lieder,
Wie nur ich sie höre, in Worte schreiben

Und nicht beim Wägen und Wünschen bleiben.
Fang an! Mach dich frei! Wag es, ich zu sagen!
Jede Antwort ist nur die Folge von Fragen.
Und man fragt nicht, ohne sein Ich preiszugeben.
Sprich! Und das bald! Du hast nur ein Leben!
Und das darf nicht vergehen! Verliere es nicht!
Und ich folgte und fing im Flug das Gedicht.
Mit dem Mutsprung, den du mich beim Reiten gelehrt,
Schwang ich mich auf das geflügelte Pferd.
Und es trug mich. Es litt mich. Es nahm mich an!
Gelenkt vom Gedanken: Ich will und ich kann.
So bin ich ins Dickicht der Sprache geritten,
In die schönen Wälder, die bergenden Gründe.
Dann hab ich in Urwaldung Schneisen geschnitten,
Überm schwanken Grunde anmooriger Schlünde.
Immer weiter vorauf. Immer tiefer hinein.

Längst bin ich auf meinem Wege allein.

DER PFAD

Wie schnell man einen Pfad austritt.
Wie leicht entsteht ein Steg.
Was immer ich an mir auch litt:
Ich schuf mir einen Weg.

Der Weg, der durch die Wiese führt
Hinauf zum Kiefernhang,
Ist von dem gänzlich ungerührt,
Was ich in mir bezwang.

Einmal kommt einer, der den Pfad,
Den ich mir schuf, begeht
Und nutzt das reine Resultat,
Das unbezweckt entsteht.

MÄRKISCHER JUNI

Das Silber der Gerste ist Bronze geworden.
Das silberne Bauchvlies der Felder verschwand.
Jetzt hat der Juni die Grannen geröstet.
Der Roggen wird falb. Satt liegt das Land,
Ein schlafendes Tier in der Mittagsschwüle.
Doch in der windigen Abendkühle
Bläst es kleine Fontänen Sand
Beim Atmen aus. Die staubigen Raine,
An denen Mulden voll Mohn verglühn,
Sind in Bewegung zum Kiefernhaine,
Den würgend wilde Holunder durchblühn.
Die Dörfer schlafen den Schlaf der Rosen,
Die dämmernd in sich versunken sind.
Hofhunde verbellen in mondscheinlosen
Halbnächten furchtsam das weidende Rind.

JANUARABEND

Es ist, als ist ein Klingen
In der Luft wie von silbernen Hämmern
Oder sehr fernen Schlittenschellen.
Der Schnee beginnt einzudämmern.
Er wird blau. Der Horizont
Wird gelb und transparent.
Himmel und Erde sind
Von keinem Glauben getrennt.
Rundum alles eins und Schöne.
Schneekristalliner Staub
Reibt reine Silbertöne
Von der Eiche gefrorenem Laub.

Blauer Tag

Der Rauchgeruch der Frühe im September.
Das Gräsergrün ergraut vom Tau.
Tief fahren Wolken. Wie November.
Doch über ihnen ist ein Blau,
Ein Osterblau, ein Lebensblau,
Ein Blau aus allen Ewigkeiten,
Ein Blau zum Fliegen. Und der Welt
Müßte man *einen* Tag bereiten
So rein wie dieses reine Blau
Und ungetrübt von grauem Tau.

Einsamkeit

Ich wollte in der Stille sein.
Bin in den Wald gegangen.
Und habe mich im Spinnennetz
Der Einsamkeit gefangen.

Kleines Lied

Das Licht ist alles. Alles ist das Licht:
Goldrausch der Birke und Gedicht.
Das Lied der Ammer wäre nicht,
Der Reif, die leichte Silberschicht,
Und auch dein schönes Herbstgesicht
Würde nicht leuchten ohne Licht.

KIEFERNWIND

Der Kiefernwind klingt mir am reinsten,
Der Kindheitswind, der Katenwind.
Da war ich noch am allerkleinsten,
(In jenem Dorf, wo ich als Kind
Die Katzen kannte und die Hähne
Und auch den Singsang alter Fraun
Und wie da rochen *Strük* und *Späne*
Beim Backofen am Gartenzaun),
Da kannt ich schon die Kiefernstimmen,
Die redeten in alles rein.
Das Dorf schien klein im Wald zu schwimmen.
(Der konnte nur von Kiefern sein:
Es gab nur Sand mit ein paar Salzen,
Daran die Kiefer sich genügt.)
Und *sind* es auch die *alten Walzen*:
Mir wurde da was zugefügt
Vom traurigen Gesang der Kiefern
Beim Heidefriedhof, wo die Alten
Unter den billigsten Grabsteinen,
(Die noch zu teuer warn) *Rast halten.*
Sie lebten noch mit frommen Lügen …
Und sanft getäuscht saßen sie da,
Die Witwen mit den Wasserkrügen.
Die Toten waren ihnen nah.

Derweil die Särge längst zerfielen,
Die leichten Truhn von Kiefernholz,
Schwatzten die Altchen von den vielen
Kindern. Mit unverstecktem Arbeitsstolz
Maßen sie ihre Gräbergärtlein:
Eisblumen und Petunien.
Ihr Name stand schon auf dem Grabstein.
Sie werkelten nicht nur für ihn,
Dem sie im Guten und im Schlechten
(Und auch in *Gott*) verbunden waren.
(Sie wußten nichts von ihren Rechten
Nach so viel abgelittnen Jahren.)
Sie summten ihre simplen Sätze,
Vom Kiefernwind halb eingewiegt …

Ich denk an euch. Und scheu die Plätze,
Vater und Mutter, wo ihr liegt.

Vor einem Winter

Ich mach ein Lied aus Stille
Und aus Septemberlicht.
Das Schweigen einer Grille
Geht ein in mein Gedicht.

Der See und die Libelle.
Das Vogelbeerenrot.
Die Arbeit einer Quelle.
Der Herbstgeruch von Brot.

Der Bäume Tod und Träne.
Der schwarze Rabenschrei.
Der Orgelflug der Schwäne.
Was es auch immer sei,

Das über uns die Räume
Aufreißt und riesig macht
Und fällt in unsre Träume
In einer finstren Nacht.

Ich mach ein Lied aus Stille.
Ich mach ein Lied aus Licht.
So geh ich in den Winter.
Und so vergeh ich nicht.

BIRKENMASS

Das Absolute: die Birke.
(Besser weiß ich es eben nicht
In meinem begrenzten Bezirke:
Die Birke und das Gedicht.)

Die Schönheit des Unbewußten.
(Das Freisein von Wissen und Schuld.)
Weiße Seide unter den Krusten
Und der Silberglanz großer Geduld.

Und immer und immer: die Bäume.
Wie ein ewiges Leben im Licht.
Und meine vergänglichen Träume,
Gehoben hinauf ins Gedicht.

Das halte ich manchmal daneben
Und meß es mit Birkenmaß.
Weil ich wissen will: wird es noch leben,
Wenn ich meine Träume vergaß.

WOLKENMOND

Wind geht wieder, Wind geht wieder,
Und die Wolken werden schwerer.
Denn nun ist es schon November.
Schnee am Horizont. Und leerer
Liegt die Landschaft. Aufgeschlossen
Für den weiten Winterblick.
Eben war es noch September,
Und wir haben das genossen.
Nun: das einzige Geschick,
Dem ich mich je unterwerfe,
Nimmt uns mit als Jahreslauf.
Wind geht wieder, Wind geht wieder,
Und der Wolkenmond geht auf.

NACH WIE VOR

Ich ging in den Wald. Wollte Grünlinge suchen.
Doch das lodernde Laub der Oktoberbuchen
Im sonnendurchfluteten Wald
Hat mich verwirrt: Wie beschreibt man Farben,
Die fließen wie Honig und Harz
Über Blattstrukturen, die langsam vernarben?
Das Astholz steht dazu schwarz,
Das eigentlich grün ist und überdunkelt
Von Feuchte. Es leuchtet nicht.
Doch in jeder feuchten Blattmulde funkelt
Eine Feder aus springendem Licht.
Ich ging in den Wald. Wollte Grünlinge suchen.
Und brachte nur Worte nach Haus.
Und nach wie vor sah das Laub der Buchen
Unbeschreiblich aus.

NEBEL

Nebel fällt vom Laub in Kaskaden.
Wie gewichtig ein einzelner Tropfen wird!
Durchs Wiesental treiben Frühnebelschwaden.
Und in den Erlen und Espen schwirrt
Von Blatt zu Blatt die Tropfenerregung.
Die wehen Blätter lösen sich los
Und fallen ohne Windesbewegung
Grade zur Erde. Die Stille ist groß.

So könnte man stehen und könnte sehen,
Wie Zeit entsteht und wie Leben vergeht
Und wie die Wandlungen mählich geschehen,
Vor denen uns jäh der Atem vergeht …

Die plötzliche Trauer, schnittscharf und schmerzlich:
Und *das* soll *alles* gewesen sein?
So wenig Sommer, so wenig herzlich:
Möglichkeit groß und Wirklichkeit klein …

Und nun schon Nebel, grauend und gründlich,
Schleichender Farbtod, mürber Geruch.
Jetzt kommt die Zeit, da erwartet man stündlich
Ein Wunder fürs Leben oder – Besuch.

Espenwind

Der Espenwind, der heute weht,
Klirrt in den Erlenwipfeln,
Wie wenn er gegen Weißblech geht.
Der See kirrlt auf den Gipfeln
Des Schattenbergs, der mittsees treibt,
Vom Saum der Bäume ausgelegt.
Wie treidelnd auch die Welle reibt,
Der Schattenberg bleibt unbewegt,
Den kühl das schräge Morgenlicht
Weit in den See geworfen hat
Bis, wo er sich der Bucht entflicht,
Der Düsternis von Busch und Blatt …
So wie vorm Abendhorizont
Schattenschwarz starrt der Berg aus Schnee,
Steht scharf vom Morgenlicht besonnt,
Der Waldberg schattenschwarz im See,
Umflirrt vom weißen Espenwind,
Der in den Erlen klirrend treibt …
Ach, wenn der Tag so frisch beginnt,
Mag sein, daß er auch freudig bleibt …

NUR EINMAL SO

Es ist ja nur der Wind, der geht,
Der Wasserwind vom Februar,
Der nach dem Schnee dem Regen weht.
Der Winter, der kaum Winter war,
Zersetzt sich langsam. Unterm Grau
Der Wiesen ist schon Grün zu sehn.
Und manchmal riecht es wie nach Tau
Und so, als soll bald was geschehn.
Und wieder weiß man nicht, was wird?
Man weiß nur: es wird *anders* sein.
Wer meint: *das* wiederholt sich, irrt:
Nur einmal *so* fällt Frühling ein.

Schweigen

Ihr habt das Schweigen nicht gesehn
Hinter den Hügelsenken.
In diesem Schweigen muß man stehn.
(Nur stehen. Und nicht denken.)
Wenn ich lang genug warten kann
In Kälte und in Schnee,
Höre ich da vom Wind ein Wort,
Das ich vielleicht versteh.
Danach wird alles anders sein.
Mein Wort wird davon schwer.
Wird eine Spur im Neuschnee sein
Und kommt vom Schweigen her.

Wintersonne

Lichtblau und rosenblasser Schnee.
Die bleiche Sonne färbt dem See,
Der zugeweht ist, Lilien ein.
Röselein auch! So augenfein,
Daß man erstarrt: ob es nicht schwindet?
Doch, doch, es bleibt! Und erst erblindet
Zu stumpfem Weiß es, wenn die Strahlen
Der Sonne überm Walde fahlen.
Rasch rötend noch die Kiefernkronen
Und das Gehöft, in dem wir wohnen
Und weiß verschwimmt im blauen Duft
Des Schnees und Abends Nebelluft.

Eh Tag und Nacht begegnen sich
Und Mond herauf kommt herrscherlich.

Ende Februar

Es geschieht aller Tage nichts weiter als Regen.
Der hat das Resteis vom Seerand genommen.
Nun sind auch die Wasservögel gekommen,
Die zögernd die Lüfte mit Rufen erregen.

Die wilden Rosen am Seeufer perlen.
An roten Blattkeimen sammelt sich Naß.
Von rostigem Braun sind noch Schilfe und Gras.
Doch auch die Birkenruten und Erlen

Sind wie die Rosen mit Perlen besteckt:
Im milchigen Regenlicht silbriges Flimmern.
Vom nebelnden See her blindlinges Wimmern:
Des Bleßhuhns Schrei, der kein Echo weckt.

Aber die Amsel ist plötzlich zur Stelle,
Zeichen, daß eben der Abend beginnt.
Über dem Regen, der heftiger rinnt,
Singt sie den Wipfel der Kiefer ins Helle:

Ziehende Schnur aus tönenden Perlen,
Schwarzen und weißen, die fallen und steigen.
Unter dem Glanze aus Hallen und Schweigen
Nistet schon Nacht in den niederen Erlen.

MÄRZ

Noch einmal kommt Schnee gefahren
Mit den schweren Wolkenschiffen.
Wieder wie in allen Jahren
Werden wir vom Frost geschliffen.

Und der Nordwind, wie ein Landsknecht,
Fällt in unsre Felder ein.
Jeder Winter ist ein Unrecht.
(Das wir erst im Mai verzeihn.)

VOR DEM VORFRÜILINGSREGEN

Die Erde riecht nach Regen,
Der heut nacht vielleicht fallen wird.
Das Bachwasser riecht nach Fischen
Und grüner Fäulnis. Es schwirrt
Die Luft von Stimmen.
Die Vögel sind aufgeregt.
Die Spechte schreien hallend.
Wie von Ahnungen bewegt.
Etwas wird kommen, kommen.
Es wartet der graue Staub.
Es wartet in den Bäumen
Auf Wasser das künftige Laub.
Eine Stille kommt mit dem Abend.
Windloser kann es nicht sein.
Erd- und Luftströme stimmen
Für den Regen überein.
Alle Sinne sind gerichtet
Auf diese verheißene Nacht.
Noch im Schlaf werden wir es spüren,
Wenn die Erde vom Regen erwacht.

Januar

Am Rand des Unentdeckten wohnen
Und nicht schrecken ist schwer.
Doch sind die Wolken heute leicht.
Der Dämmerwind webt in den Kiefernkronen.
Die nah beim Himmel sind. Der Tag verbleicht.
Die Schatten werden schwärzer.
Und das Licht wird weißer.
Bevor es Nacht wird. Es ist Januar.
Die Tage taumeln. Man lebt heißer
Mit jedem abgelebten Jahr.

Von Schulzenhof

In Schulzenhof ist der Winter schön.
Schon in Gransee, der Kreisstadt, ist Schnee
Mehr eine Spezies Dreck. Das Gestöhn
Der Genossen vom Rat und vom Kampfkomitee
Für die besonderen Winteraufgaben,
Das sie gewiß doch gegründet haben,
Kann ich mir vorstelln. Wie umgepflügt,
Knietiefer Schnee grau am Schinkelplatz.
Aber bei uns in Schulzenhof fügt
Sich alles zum Bild. So wie der Satz
Schön ist der Winter. Weiß bleibt der Schnee
Auf den blachen Wiesen. Nur Spuren von Reh
Und Hirsch und Hasen und Mäusen ziehn
Vom Wald übern Weg und die Böschung hin
Durch den Wiesengrund zu den Erlen am Bach.
Und der einzelne Reiher fliegt uns übers Dach,
Von dem die Tränen der Eiszapfen rinnen.
Und Dämmrung ist draußen, und Licht ist drinnen.
Und das macht es noch schöner. Der Himmel ist klar,
Und die erdnahen Sterne des Januar
Glimmern den Schnee. Der Orion klimmt
Wie ein froststeifer Kerl übern Waldhorizont …
Und die Nacht wird gut, denn der Tag hat gestimmt:
Ich hab mit dem Tode leben gekonnt.

Vom grimmen Januar

Gewaltig her kommt Wind gejagt
Und schleift mit seiner grauen Schwinge
Den frosterstarrten Wald, der klagt.
Sein junges Holz vom Wild zernagt!
Das in den Nächten fast verginge
Und tags ermattet weglängs steht,
Die Krone des Geweihs erhoben,
Die es wie zeitverzögert dreht,
Wie von Mechanik angeschoben.
Kein Fluchtsprung mehr! Im harschen Schnee
Das Trauerspiel der Mäusespuren.
Im Filigran von Fuß und Zeh
Gezeichnet, wie sie feldwärts fuhren,
Von einer Hoffnung angetrieben,
Erinnernd, wo einst Nahrung war –
Und wir mit unsren Eigenlieben
In diesem grimmen Januar.

Bitte 1

Laßt mir das Silberfingerkraut.
Laßt mir den Hasenklee.
Laßt mir den kleinen Lerchenlaut.
Laßt mir den Liliensee.
Laßt mir den Sandweg durch die Heide.
Die Kiefer und den Birkenbaum.
Braucht ihr nicht manches Mal auch beide,
Die Weltstadt und den Weltenraum?

November 1

Die Blätter fallen so wie Vögel fliegen.
Sie schwärmen aus. Doch kehrn sie nicht zurück.
So fällt die Zeit von uns: Wir unterliegen.
Und merken spät: Auch wir sind zu besiegen.
Da strecken wir uns in der Stille noch ein Stück.

Grüner Juni

Tropische Stimmung im märkischen Garten.
Regendünste dicken die Luft,
Sämig schon vom blühenden Duft
Der Holunder, die zu Wäldern entarten.

Als wir begannen, wurzelten wir
Schößlinge vier von dem wilden Flieder.
Jetzt beugen vierzig Bäume sich nieder,
Bekrochen von allerlei niederm Getier

Und durchflogen von Vögeln. Die blaue Meise
Ist wie ein Tropfen im Schaum versunken.
Da hat im Herbst die Drossel getrunken.
(Narkotische Kräfte zur glücklichen Reise.)

Nun fehlt nur noch, daß Kolibris fliegen
Durch unsern tropischen Regengarten.
Daß wir auf Paradiesvögel warten,
Läßt uns über alle Zweifel obsiegen.

Anfang August

Am Mittag ist es anders,
Als es am Morgen war:
Verändert ist der Himmel.
Es ändert sich das Jahr.
Der Sommer ist vom Staube
Der Trauer überhaucht,
Wenn in der Wiesenfrühe
Der Nässenebel raucht.
Am Mittag kommt Gewitter
Aus einer Ferne her.
Das Grün wird grau und bitter.
Das Licht wird schwül und schwer
Vom Überhang der Stille.
Eh sie der Donner bricht.
Morgens tönte die Grille
Das unverletzte Licht.

Mitte August

Vor einer Woche war die Farbe noch verschlossen,
Mit der das Heidekraut aufleuchtet.
Sie war noch grau und wie verschossen.
Der Regen hat sie angefeuchtet
Und tief gemacht und überschwenglich.
Das letzte Sommerblühn beginnt
Und ist in Wahrheit unvergänglich.
Weil es nur Zwischenzeiten sind
Von Blühn zu Blühn: Erdatemzüge.
Und ein Vergehen gibt es nicht.
Der Tod ist eine dumme Lüge
Gegen das große Gleichgewicht,
Aus dem die Erde lebt. Auch wir vergehen
Nicht wirklich, wenn wir wirklich sind.
Denn auch durch uns geht das Geschchen,
Das weder endet noch beginnt.

KIEFERNINSEL

Eine Insel in der Wiese:
Ein Hügel im Wiesengrund.
Da gibt es seltsame Höhlen:
Vier Kiefern stehen im Bund.
Das sind *entartete* Wesen.
Sie sind verdreht und verzweigt.
Es ist ihnen abzulesen,
Wie die Stürme in ihnen gegeigt.
Sie sind wie Riesenschirme.
Sehr fremd sehn die Bäume aus.
Doch ist unter ihnen gut sitzen:
Jede ist ein Haus.
Brennesseln wuchern am Hügel
In einem giftigen Grün.
Es flirren Libellenflügel
Durchs Dämmern zur Bachhelle hin.
Dann gibt es noch Hasel und Erlen
Und einen Wildrosenstrauch.
Die Wiesendüfte ziehen
Herüber wie Weihrauch:
Der Honigruch von Rotklee
Und der drückende Labkrautduft
Bringen Sonnenatome
In die schattige Luft
Unter den Höhlenkiefern,
Die versprengt sind aus einer Welt,
In der man gerichtete Bäume
Mit Recht für nützlich hält.

Besitz

Meine Birke, mein Bach, meine Wiese.
Was mir nicht gehört, ist mir näher als das,
Was ich wirklich besitze.
Ich liebe mein Haus nicht so sehr wie das Gras
An den Rändern der sandigen Heidewege,
Die unsere Kiefernwälder durchziehn,
Und wie die Wolken von Weidenrosen,
Die violett auf den Kahlschlägen blühn.
Die karge Schönheit des Sandes *gehört* mir
Und gehörte mir schon von Anfang an.
In dieser Welt bin ich aufgewachsen,
Hier war es, wo ich zu sehen begann.
Ein Haus könnte ich wohl überall haben,
Und Länder gibt es, die liebe ich sehr.
Aber würde ich mich woanders eingraben,
Ich schlüge doch keine Wurzeln mehr.
Meine Birke, mein Bach, meine einsamen Wege.
Hier lebe ich mit der Freiheit, zu gehn,
Und bleibe: Ich habe mich noch immer
An der Schönheit des Sandes nicht satt gesehn.

Schöner Herbst

Bessere Tage gibt es noch immer:
Briefe kommen, man bleibt *doch* verbunden.
Abende gibt es mit Sonnenstunden.
Bücher von Freunden im friedlichen Zimmer.

Richtig verschnitten hab ich die Rosen.
Ende September blühn sie noch mal.
Sacht am Kalender dreht sich die Zahl.
Herbst wird es ohne Toben und Tosen.

Wohl hatten wir schon Reif in der Frühe.
Frostschwarz hängen die Kürbisblätter.
Jetzt ist fast wieder Sommerwetter.
Nächtlich im Wiesental weiden die Kühe.

Gut ist auch das, ihrem Atem lauschen,
Wenn man spät noch einmal am Birkenweg steht
Und ein Stern im Eis der Ferne vergeht
Und die nahen Wasser frühlinglich rauschen.

Ginster

Frühlingswald. Lichtes Lärchengrün.
Sandweg. Bald wird der Ginster blühn.
Ginstergelb fängt der Juni an.
Brennt den Frühling aus,
Der grad begann.
Immer die Sehnsucht zu weit voraus.
Immer nur halb daheim und zu Haus.

WETTERPROTOKOLL

Der Wind beherrscht den Morgen.
Das ist ein Sonnenwind:
Die Nacht war kalt. Und ehe
Der Frühlingstag beginnt,
Gehen Erdkälteströme
Gegen die Sonne an,
Die sie erst gegen neun Uhr
Neutralisieren kann.
Doch zwischen sechs und neun Uhr
Wirbelt es auf den Wegen.
Gräser und Bäume müssen
Sich vor dem Winde legen.
Erst ist der Himmel ganzblau.
Dann steigt der Erddunst auf,
Verwandelt sich in Wolken,
Der Wind bringt sie in Lauf.
Von Ost nach Süd, von Morgen
Nach Mittag ziehn sie hin.
Gesehn am vierundzwanzigsten
April bei Tagbeginn.

Grün 1

Mit solcher Gewalt bricht der Frühling herein,
Daß wir nicht nachkommen, um uns zu sehen.
Über Nacht sind Wunder und Wunder geschehen.
Über Blüten, blau, gelb schon Schmetterlingswehen.
Überstürzen, Brausen, Außersichsein.

Vorausgeworfene Sommertage
Anfang April. Ob das wohl bedeute:
Lebt, was ihr könnt, und lebt unbedingt heute!
Der Sommer wird schlimmer Wirrnisse Beute,
Zeit des Entsetzens und Zeit sein der Klage.

So ist uns der Glücksrausch von Ängsten zersetzt.
Wie würden wir diesen Frühling genießen,
In dem schon Ströme des Sommers fließen,
Wär nicht die Stille zertrümmert vom Schießen
Und der Himmel von eisernen Vögeln verletzt.

Und doch dieser Tag, um uns alles zu geben.
Tag grün mit dem wie gewendeten Duft
Aus des Erdreichs eben geöffneter Gruft,
Der sich mit der geläuterten Luft
Mischt zum Geruch von ewigem Leben.

Überstürzen, Brausen, Außersichsein.
Über Blüten, blau, gelb schon Schmetterlingswehen.
Über Nacht sind Wunder und Wunder geschehen.
Daß wir nicht nachkommen, um uns zu sehen.
Mit solcher Gewalt fällt der Frühling ein.

Abend

Nach Matthias Claudius und Caspar David Friedrich

Abgründige Himmel abends:
Schlünde voll fließendem Licht.
Tiefer und tiefere Röte,
Die golden am Grund aufbricht.
Die milde Kühle der Gräser.
Der wilde grüne Geruch
Von Bärlauch, Beifuß und Nesseln.
Der irre Fledermausflug
Vor der verlodernden Ferne,
Die langsam niederbrennt.
Deutlich werden die Sterne
Zeichen am Firmament.
Die ärmsten Geräusche wachsen
Über ihren Ursprung hinaus:

Eine vereinzelte Kiefer
Klagt sich am Abendwind aus,
Als würd eine Tür geöffnet,
Zögernd, einen Spalt,
Und ängstlich wieder geschlossen:
Die Nacht kommt und ist kalt.
Ihre Krallen schärft die Katze
An der Regentonne nach.
Die Sperlinge atmen flacher
Unterm Sparren am Scheunendach.
Die Augen der Katze glimmen
Die Hopfenwand hinauf.
Ein Vogel schreit vorm Tode.
Und der Mond geht auf.

BILD

Man müßte *doch* malen können.
Denn für den, der nicht weiß, was man meint,
Kann man mit Worten nicht schildern,
Wie die Sonne septemberlich scheint.

Und wie sie früh gegen sieben
Im bläulich blühenden Kraut,
Das die *Heide* heißt, Funken entzündet.
Denn die Heide ist nächtlich betaut.

Und wie die kleinen Kiefern
Weiß übersponnen sind,
Als sollten sie sich verpuppen
Vorm herbstlich werdenden Wind.

Die Seidenweben zerfallen
Zu nichts, wenn man sie berührt.
Nur daß man auf den Händen
Ein wenig Feuchte spürt.

Das ist der Septemberzauber;
Ein flüchtiges Spiel von Licht.
Lasurene Oberfläche
Über blauer Tiefenschicht.

Doch der leise Schmerz der Verwandlung,
Der die Frühe kühl überzieht,
Ist von keinem Maler zu malen:
Er lebt nur als Mollton im Lied.

Anhang

Wie kam ich zur Lyrik von Eva Strittmatter?

Im Sommer 2011 wurde mein Buch »Fontane-Land« in der Fontane-Buchhandlung in Neuruppin vorgestellt. Eine malerische Hommage für Theodor Fontane. Neuruppin, die Geburtsstadt des Schriftstellers und wie ich später erfuhr, auch die von Eva Strittmatter. Hatte in den Feuilletons einiger Zeitungen Gedichte von Eva Strittmatter gelesen. Bewunderte den Klang ihrer Sprache, wurde neugierig auf ihre Poesie.
Entdeckte eine umfangreiche Sammlung ihrer Werke in der Fontane-Buchhandlung und kaufte mir einige Gedichtbände. Ließ mich vom Zauber der Texte einfangen. Beim Lesen der Naturlyrik, die sich vor allem auf ihre unmittelbare märkische Heimat bezieht, fiel mir auf, dass ich ähnliche Stimmungen beim Reisen durch die märkische Landschaft empfand wie sie. Ihre Werke widerspiegeln ihre Gedanken und Gefühle in einer wunderbaren klaren und emotionalen Sprache. Und hier entdeckte ich eine enge Übereinstimmung mit meiner malerischen Sprache, die Poesie des Augenblicks festzuhalten. Benutzte dafür das Aquarell, eine Maltechnik, die das spontane Malen vor Ort ermöglicht. Durch die Transparenz der Aquarellfarben kann das Licht des Tages im Malvorgang mit einfließen. Unter dem Eindruck des sinnlichen Naturerlebnisses versuchte ich mit leichtem Pinselstrich, Tiefe in das Bild zu übertragen. Keine reale Übersetzung des Gesehenen, das kann ohnehin die Fotografie erheblich besser. Sondern Stimmungen, die über eine Landschaft fließen. Diese Tiefe sehe ich auch in den Texten Eva Strittmatters.
So lag es nahe, mir Gedichte auszuwählen und mit ihnen einen Dialog zu beginnen. Keine Illustration. Klänge aus ihrer Lyrik aufzunehmen und mit meiner Bildsprache zu antworten.
Fuhr Mitte September 2012 nach Schulzenhof, in die Nähe von Rheinsberg und Gransee, wo Eva Strittmatter ab 1954 lebte. Die Ausgabe des Aufbau Verlages »Sämtliche Gedichte« im Gepäck. Sah ihre Kiefernwälder, Sandwege, Bäche und Seen. Las während meiner Wanderungen immer wieder ihre wunderbare Naturlyrik und stellte fest, wie nah sie mit ihrer Sprache an meinen Stimmungen war, die ich spontan an diesen Orten spürte.
So entstanden einige Aquarelle vor Ort und viele Bilder später in meinem Atelier. Für dieses Buch wählte ich auch Aquarelle aus, die an anderen Orten der Mark entstanden sind. Märkische Wald- und Seenlandschaften voller Melancholie und Tiefe, wie sie auch die märkischen Maler Walter Leistikow und Karl Hagemeister in ihren vielen teilweise impressionistischen Bildern wiedergaben.

Hans-Jürgen Gaudeck

Eva Strittmatter

1930	Geboren in Neuruppin
1947–1951	Studium der Germanistik in Berlin
1951–1953	Mitarbeiterin beim Deutschen Schriftstellerverband
1954	Freie Schriftstellerin; veröffentlichte Gedichte, Prosa, Kinderbücher, Kritiken
2011	Gestorben in Berlin

Preise

Heinrich-Heine-Preis 1975
Walter-Bauer-Preis 1998

Gedichtbände – Eine Auswahl

Ich mach ein Lied aus Stille
Mondschnee liegt auf den Wiesen
Die eine Rose überwältigt alles
Zwiegespräch
Heliotrop
Atem
Der Schöne
Liebe und Haß. Die geheimen Gedichte
Hundert Gedichte
Der Winter nach der schlimmen Liebe
Wildbirnenbaum
Sämtliche Gedichte

Hans-Jürgen Gaudeck

1941 Geboren in Berlin
1987 Eintritt in die Künstlergruppe MEDITERRANEUM

Einzelausstellungen u.a.
Kloster Dobbertin, Berliner Volksbank, PrivateBankingCenter, Schloss Sacrow-Potsdam, Galerie S, Galerie der Kulturen im KOKON Lenbach-Palais München, Galerie Kulturhaus Spandau, Galerie am Havelufer, Galerie Jasna Schauwecker, Bankhaus Löbbecke, Griechische Kulturstiftung, Vin d'Oc, Galerie Alte Schule Ahrenshoop

Reisen
nach Irland, Griechenland, Frankreich, Italien, Spanien, Türkei, Polen, Bulgarien, Marokko, Ägypten, Oman, Jordanien, Kenia, Sri Lanka, Thailand, Bali, Kuba, Kalifornien, Dänemark, Finnland, Schweden, Norwegen, Vietnam, Burma, Kambodscha, Russland, zur Kurischen Nehrung – Litauen

Aquarelle
Werke im privaten und öffentlichen Besitz

Bücher
Griechische Inseln im Licht, Griechische Inseln, Tage auf Kreta, Augenblicke auf Korfu Poesie des Augenblicks, Auf Reisen – Wege zum Aquarellieren, Vom Zauber Asiens, Fontane-Land, Perlen der Ostsee

www.gaudeck.com

Die Textgrundlage dieser Ausgabe ist
Eva Strittmatter: Sämtliche Gedichte, Aufbau Verlage, Berlin 2006
© Aufbau Verlage GmbH & Co. KG, Berlin 2006, 2008 (für die Gedichte)

Die Deutsche Nationalbibliothek verzeichnet diese Publikation
in der Deutschen Nationalbibliografie;
detaillierte bibliografische Daten sind im Internet über
http://dnb.d-nb.de abrufbar.

5. Auflage 2022
© Steffen Verlag, 2013
Steffen Verlag GmbH, Mühlenstraße 72, D-17098 Friedland
info@steffen-verlag.de, www.steffen-verlag.de

Herstellung: STEFFEN MEDIA | Friedland – Usedom
www.steffen-media.de

ISBN 978-3-941683-24-2